全国职业院校城市轨道交通专业教材

城市轨道交通概论习题册

高洁　主编

中国劳动社会保障出版社

简　介

本习题册是全国职业院校城市轨道交通专业教材《城市轨道交通概论》的配套习题册。

本习题册根据职业院校城市轨道交通专业学生的特点，按照教材分章节编写，包括城市轨道交通概述、城市轨道交通线网与线路、城市轨道交通车辆、城市轨道交通车站、城市轨道交通供配电系统、城市轨道交通信号与通信系统、城市轨道交通环境控制系统、城市轨道交通运营管理和城市轨道交通安全，有填空题、选择题、判断题、名词解释、简答题、综合分析题等多种题型，供学生课后练习使用。本习题册配有答案，可通过技工教育网（http://jg.class.com.cn）下载。

本习题册由高洁任主编。

图书在版编目（CIP）数据

城市轨道交通概论习题册 / 高洁主编．--北京：中国劳动社会保障出版社，2020
全国职业院校城市轨道交通专业教材
ISBN 978-7-5167-4730-8

Ⅰ.①城…　Ⅱ.①高…　Ⅲ.①城市铁路－轨道交通－高等职业教育－习题集
Ⅳ.① U239.5-44

中国版本图书馆 CIP 数据核字（2020）第 184614 号

中国劳动社会保障出版社出版发行
（北京市惠新东街 1 号　邮政编码：100029）
*
北京鑫海金澳胶印有限公司印刷装订　　新华书店经销

787 毫米 ×1092 毫米　16 开本　3.5 印张　79 千字
2020 年 10 月第 1 版　　2025 年 5 月第 8 次印刷
定价：9.00 元

营销中心电话：400-606-6496
出版社网址：http://www.class.com.cn
http://jg.class.com.cn

目　录

第一章　城市轨道交通概述

一、填空题（将正确答案填在横线空白处）

1．城市对外交通包括______、航空、公路、水路和管道等交通运输方式。

2．城市轨道交通一般包括地铁系统、轻轨系统、单轨系统、有轨电车、磁浮系统、市域快速轨道系统、________________七种制式。

3．早期的轻轨系统一般为旧式____________系统直接改建而成，后期一些国家开始修建全新的轻轨系统，其行车速度、乘坐舒适程度及运行噪声得到了很大程度的改善。

4．根据构造形式不同，单轨系统还可以分为______________与悬挂式单轨两类。

5．城市轨道交通系统是由______、线路、车站、轨道、供电、通信、信号和环境控制等一系列相关设备设施组成的，它们之间的协同合作保障了城市轨道交通系统为乘客提供优质的服务。

6．____________适用于城市区域内重大经济区之间中长距离的客运交通，主要在地面或高架桥上运行，必要时可不设中间车站。

二、选择题（将正确答案的字母填在括号内）

1．从现代城市的发展趋势看，城市轨道交通对城市尤其是大城市发展的重要作用是（　　）。

A．承担城市交通重要运输任务　　B．有效解决城市可持续发展问题

C．科学引导调整城市空间布局　　D．以上答案都正确

2．在城市轨道交通系统中，地铁的单向高峰每小时运输能力为（　　）万人次。

A．6 ~ 8　　B．4 ~ 6　　C．1 ~ 4　　D．0 ~ 1

3．（　　）具有很好的爬坡性能，适宜于在地面起伏较大的城市修建。

A．地铁系统　　B．轻轨系统　　C．单轨系统　　D．磁浮系统

4．（　　）从根本上解决了传统列车的轮轨黏着限制、机械噪声和磨损等问题，具备速度快、爬坡能力强、能耗低、安全舒适等优点。

A．轻轨系统　　B．单轨系统

C．磁浮系统　　D．自动导向轨道系统

5．1856 年，（　　）开始修建世界第一条地下铁道。

A．英国伦敦　　B．法国巴黎　　C．美国纽约　　D．中国北京

6．1881 年，（　　）郊区修建了长 2.45 km 的电车线路，这也是世界上第一条电气化铁路。

A．英国伦敦　　B．法国巴黎　　C．美国纽约　　D．德国柏林

7.（　　）是中国第一个开通地铁的城市。

A．上海　　B．天津　　C．香港　　D．北京

8．在我国各城市轨道交通系统结构中，（　　）所占比重最高。

A．地铁系统　　B．轻轨系统

C．市域快速轨道系统　　D．有轨电车

三、判断题（正确的在题后括号内打“√”，错误的打“×”）

1．城市的形成和发展直接与城市交通工具的演变发展有关。（　　）

2．辅助线是为了保证城市轨道交通正线运营而设置的线路，其标准要求相对高于正线。（　　）

3．为保证列车安全运行，轨道结构应具备足够的强度、稳定性、耐久性、绝缘性与适当弹性，且养护工作量小。（　　）

4．只有建设在地下的城市轨道交通系统才可以称为地铁。（　　）

5．轻轨系统使用的钢轨比地铁系统使用的钢轨轻，但其整体技术标准与地铁系统相当。（　　）

6．上海磁浮列车示范线是我国乃至世界上第一条中低速磁浮商业运行线。（　　）

四、名词解释

1．城市交通

2．城市轨道交通

3．单轨系统

4．自动导向轨道系统

五、简答题

1．与常规城市公共交通相比，现代城市轨道交通的主要优势有哪些？

2．简述城市轨道交通系统的局限性。

3．简述城市轨道交通系统的基本组成。

4．选取一座你所熟悉的城市，对其轨道交通系统进行简要介绍。

六、综合分析题

阅读材料并回答问题。

交通拥堵成热点　专家出手治理“城市病”

加快建设宜居幸福的现代化国际都市，是城市规划、建设与发展的重点内容。然而，在实现“宜居幸福”目标的过程中，却要首先面临各种“城市病”，如活动空间减少、人际关系淡薄、环境变差、交通拥堵等。要让城市变得更可爱，让城市里的人们更幸福，我们就要解决这些已经深入城市内在肌理的“城市病”。对于如何治理“城市病”，专家指出，根本的解决之道就是要做出大空间，把城市疏解开。当天，这一话题也引起了与会人员的热烈讨论。

专家在参加专项会议时，就蓝色硅谷、大城市框架与“城市病”等话题与参会人员进行了讨论。

现有城市格局下，一些区域发展受到了限制。专家说，城市总面积1万多平方千米，建成区只有400多平方千米。市南区、市北区人口密度达到了每平方千米两万多人，非常密集。

如果继续延续这样的情形，就会带来严重的“城市病”。专家指出，现在已经出现了“城市病”，如城市的污染问题、拥堵问题等，原因是没有把大城市的空间做出来。

专家说，城市不是没有地方，相反，城市的空间很大。如何把空间利用好，这是今后的一个重要任务，所以，这次提出了“全域统筹，三城联动，轴带展开，生态间隔，组团发展”的大城市框架，从理论上讲，可以有效缓解全市的交通拥堵。

“老城区要疏解、优化。”专家说，市南区、市北区现在还有500万平方米的写字楼等建筑未投入使用，如果再投入使用，这个区域将继续拥堵，继续出现“城市病”，根本的解决之道是要把城市疏解开。

（1）根据材料，结合自己的实际体会，简述在城市化的进程中城市交通发展暴露出的问题。

（2）根据材料，简述从城市交通发展角度如何将“将城市疏解开”，进而解决“城市病”。

（3）根据所学知识，对城市轨道交通未来的发展进行展望。

第二章　城市轨道交通线网与线路

一、填空题（将正确答案填在横线空白处）

1．根据规划时期不同，城市轨道交通线网规划可分为____________、____________、中远期规划与远景规划。

2．城市轨道交通线网分为____________、网格型及设置环线型三种。

3．根据城市轨道交通系统的构成和设备运营要求，限界分为车辆限界、____________、接触网（轨）限界与____________。

4．按照线路的空间位置不同，城市轨道交通线路的敷设方式可分为__________、地面线与高架线三种方式。

5．按其在运营中的作用不同，城市轨道交通线路一般可分为____________________、________________与车场线。

6．城市轨道交通大多采用______________，其与基床的连接形式主要有整体灌筑式、轨枕式与支撑块式三类。

7．道岔是将城市轨道交通列车由一条线路转向或越过另一条线路的轨道设备，主要由____________、连接部分、________________三个单元组成。

8．盾构法是利用__________进行隧道挖掘的一种暗挖施工方法，具有自动化程度高、节省人力、施工速度快、一次成洞、不受气候影响、开挖时可控制地面沉降、减少对地面建筑物的影响、在水下开挖时不影响水面交通等特点。

二、选择题（将正确答案的字母填在括号内）

1．下列选项中，不属于城市轨道交通放射型线网突出优点的是（　　）。

A．线路方向可达性较高

B．符合一般城市由中心区向边缘区土地利用强度递减的特点

C．有效解决了城市中心区与城市外围区域和卫星城镇的交通问题

D．线路布设均匀，换乘节点能够分散布置

2．线网规模从一个侧面反映城市轨道交通系统所能提供的服务水平。下列选项中，（　　）是城市轨道交通线网规模的主要指标。

A．线网长度　　B．线网密度

C．线网日客运周转量　　D．以上选项都正确

3．城市轨道交通线路并不是始终在一个水平面上的，而是沿垂直方向呈“波浪形”向前方延伸，车站位于“波浪”的（　　），以达到列车进出站节能的目的。

A．最高点　　B．最低点　　C．中间位置　　D．任何位置

4．根据城市轨道交通系统的构成和设备运营要求，（　　）是指城市轨道交通车辆在正常运行状态下形成的最大动态包络线。

A．车辆限界　　B．设备限界

C．建筑限界　　D．接触网（轨）限界

5．在城市轨道交通线网敷设方式中，工程建设难度大、自然因素对运营影响程度小、对城市景观影响程度小的是（　　）。

A．地上线　　B．地面线

C．地下线　　D．以上选项都正确

6．（　　）是指不同城市轨道交通线路之间为调动列车等作业方便而设置的连接线路。其连接的城市轨道交通线路往往不在一个平面上，因此具有较大坡度与较小曲线半径，列车运行速度缓慢。

A．折返线　　B．联络线　　C．渡线　　D．出入段线

7．城市轨道交通在经济条件允许时，地下线路、地面线路或高架线路的运营正线一般均应采用（　　）kg/m 以上的重型钢轨。

A．43　　B．50　　C．60　　D．70

8．轨枕是钢轨下方基础的重要部件，下列选项中，（　　）不是轨枕的功能。

A．支撑钢轨

B．保持轨距与方向

C．将钢轨对其的各向压力传递至道床上

D．保证列车速度稳定

三、判断题（正确的在题后括号内打“√”，错误的打“×”）

1．城市轨道交通线网规划涉及专业多、综合性强、技术含量高，从规划实践来看，其主要内容包括城市背景研究、线网架构研究和实施规划研究。（　　）

2．技术选线就是与城市总体规划相结合选择行车线路的起讫点与控制点，例如对外交通枢纽、城乡接合部等客流量大的地点。（　　）

3．城市轨道交通车站应选择合理的站间距，并根据实际需求确定，在市区宜为 1 km 左右，在郊区宜大于 2 km。（　　）

4．城市轨道交通线路设计为正线上下行双线，列车单向左侧行车，轨距与铁路标准相同，为 1 435 mm。（　　）

5．采用渡线折返时，在车站前或车站后设置渡线，用于完成折返作业。利用渡线折返所需建设线路最少，投资较少，并且列车进出站与折返作业无严重干扰。（　　）

6．道岔常见的类型有普通的单开道岔、双开道岔、三开道岔和复式交分道岔。（　　）

7．为使两股钢轨均匀受力，直线段和曲线段的两股钢轨的轨顶面应保持在同一水平面上。（　　）

8．在进行地下线路工程时，从地表开挖基坑或堑壕，修筑衬砌后，先将隧道部位的岩（土）体全部挖除，然后修建洞身、洞门，再用土石进行回填的施工方法，称为矿山法。（　　）

四、名词解释

1．城市轨道交通线网规划

2．线网日客运周转量

3．限界

4．折返线

五、简答题

1．简述城市轨道交通线网规划的基本原则。

2. 简述城市轨道交通车站设置的基本要求。

3. 简述城市轨道交通限界设计的必要性。

4. 与普通钢轨相比，无缝钢轨的主要优点有哪些？

六、综合分析题

1. 阅读材料并回答问题。

西安城市轨道交通发展规划

西安地铁2号线为西安市首条城市轨道交通线路，于2011年9月开通运营，使西安市成为中国西北地区第一个开通地铁的城市。截至2019年9月，西安地铁开通运营线路共5条，分别为东西干线1号线、南北干线2号线、线网骨架线路3号线、4号线及机场城际线（13号线），运营总里程超过160 km。截至2020年3月，西安地铁在建线路共12条，包括2号线二期、5号线一期、6号线一二期、8号线及临潼线（9号线）一期等工程，建设总里程超过400 km。

远景期，西安将打造关中城市群都市圈轨道交通线网，其线网规划示意图如图2–1所示。该城市群都市圈轨道交通规划线路共23条，轨道交通规划线路总长度为986.0 km，其中，西安市区范围内线路长度为 691.1 km，西咸新区范围内线路长度为 238.4 km，咸阳市区范围内线路长度为 56.5 km。建成后，轨道交通将承载 40% 以上的公共出行，且与机场、5 个高铁站（火车站）无缝衔接。目前，该规划已分别纳入西安市、咸阳市新的城市总体规划。

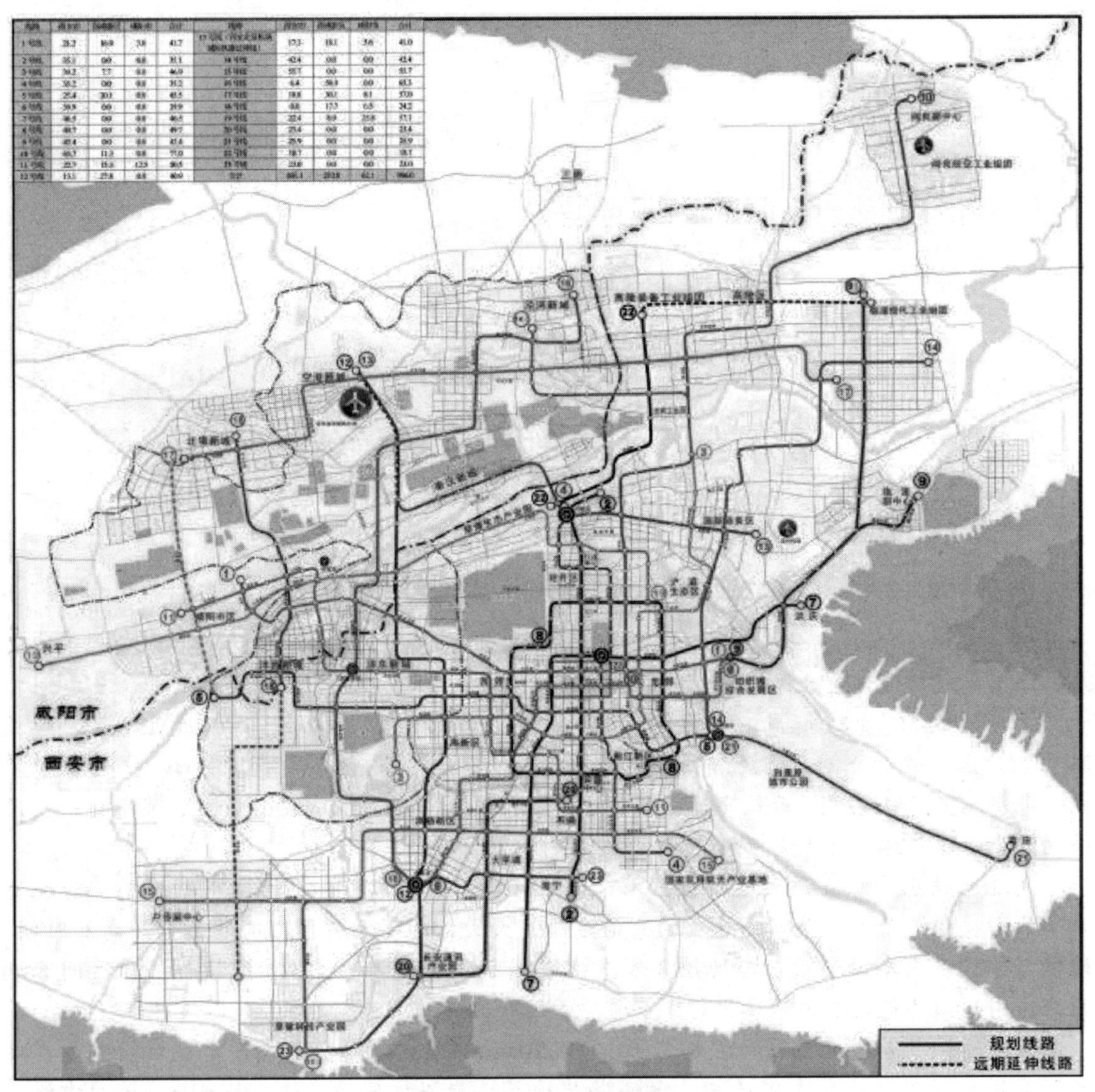

图 2-1　西安城市轨道交通线网规划

（1）根据图 2-1 分析西安市的城市轨道交通线网类型。

（2）简述该类型城市轨道交通线网的特点。

（3）简述城市轨道交通线网规划发展趋势。

2. 阅读材料并回答问题。

大连地铁5号线成功下穿老虎滩海湾

2020年7月14日清晨，大连地铁5号线虎滩新区站至虎滩公园站区间右线顺利下穿老虎滩海湾，成功通过重大风险源。

大连地铁5号线南起虎滩新区，北至后关村，线路经过虎滩新区高强度住宅区、解放路住宅片区、劳动公园、青泥洼商业中心、大连火车站、梭鱼湾城市副中心、老甘井子片区、泉水高强度住宅区、后盐交通枢纽等主要功能区，全长24.484 km，设18座车站，设后关村综合维修基地和虎滩新区停车场。

大连地铁5号线贯通大连市梭鱼湾南北，构建了“一湾两岸”的城市新格局，为大连市南北向提供一条大容量、高速度的交通走廊，大大缩短了两片区之间的出行距离和时间。地铁5号线在火车站和后盐与地铁3号线换乘，可有效缓解地铁3号线核心区内区间客流压力。同时预留与地铁1号线北延线贯通运营配线，连接大连新机场。

大连地铁5号线虎虎区间右线全长1 038.205 m，该区间属于高承压水区域，隧道需要长距离穿越石英含量高达90%以上的石英岩地层，岩石抗压强度达127 MPa。区间右线下穿老虎滩海湾区域长66 m，地质为淤泥质粉质黏土、卵石、强风化石英岩、中风化石英岩，隧道覆土埋深16.8 m，盾构掘进难度大，安全风险极高。

除了高难度的施工要求，该盾构区间还处于国家5A级旅游景区大连老虎滩海洋公园核心区域下方，掘进期间必须严格控制各种污染源，满足环保要求，做到“零排放”。加之当前正值该景区旅游旺季，保证安全平稳穿越尤为重要。为确保在满足环保要求的前提下顺利穿海，在盾构机到达老虎滩海湾之前，中铁八局集团有限公司城市轨道交通分公司先后召开了4次专家论证会，详细分析该段的地质状况，制定了专项应急预案，为盾构机一次性穿海成功提供了坚实的保障。

（1）从材料中分析并说明盾构法施工的优点。

（2）从材料中分析并说明该条城市轨道交通线路经济选线特点。

（3）影响城市轨道交通线路走向的因素有哪些？

第三章　城市轨道交通车辆

一、填空题（将正确答案填在横线空白处）

1．按支撑导向制式不同，城市轨道交通车辆可分为______________与______________。

2．城市轨道交通车辆一般由车体、______________、______________、电力牵引系统、车辆连接装置、通风空调系统等基本部件组成。

3．车钩及缓冲装置包括车钩、缓冲器、______________和______________。

4．按照两车钩连接后在垂向能否彼此相对移动，车钩可分为______________与______________。

5．城市轨道交通车辆电力牵引传动系统主要包括受流设备、______________和______________。

6．城市轨道交通车辆牵引电动机一般可分为______________与______________。

7．乘客信息系统包括______________、列车运行动态地图、LED 显示器、VCD 显示器，以及各种文字、图形固定信息。

8．根据功能与规模大小不同，车辆基地可分为______________与______________。

二、选择题（将正确答案的字母填在括号内）

1．按车体宽度不同，城市轨道交通车辆可分为 A 型车、B 型车与 C 型车三类，其中 B 型车的车体宽度为（　　）m。

A．3.0　　B．2.8　　C．2.6　　D．2.4

2．城市轨道交通车辆对于车体材料的要求是具有一定的强度与刚度，同时要耐腐蚀，并且要进行轻量化设计。下列车体材料中，（　　）耐腐蚀且基本不需要定期维护保养。

A．碳素钢　　B．不锈钢

C．铝合金　　D．以上选项都正确

3．下列选项中，（　　）仅配置在动车转向架中。

A．构架　　B．轮对　　C．牵引电动机　　D．减振装置

4．摩擦制动利用两物体间的摩擦将列车的动能转化为热能，散失到周围大气中去，从而产生制动作用。下列选项中，不属于摩擦制动的是（　　）。

A．闸瓦制动　　B．盘形制动　　C．磁轨制动　　D．电阻制动

5．下列选项中，（　　）不是由辅助供电系统供给电源。

A．牵引电动机　　B．列车控制系统

C．电动车门驱动装置　　D．蓄电池充电器

6．下列选项中，（　　）与交流电动机配合，无换向部分，运行可靠，过载能力强，结构简单，几乎无须保养与维修。

A．变阻控制　　B．斩波调压控制

C．变压变频控制　　D．以上选项都不正确

7．下列选项中，（　　）不是城市轨道交通车辆基地段场线。

A．停车线　　B．牵出线　　C．存车线　　D．试车线

8．下列城市轨道交通工程车辆中，（　　）能够消除钢轨表面锈蚀、表面疲劳裂纹、波浪磨损、斑点、飞边等缺陷。

A．内燃机车　　B．轨道与限界检测车

C．钢轨打磨车　　D．接触网检测作业车

三、判断题（正确的在题后括号内打“√”，错误的打“×”）

1．导向轮导向车辆一般为胶轮系列车辆，因胶轮只起到支撑作用，还需靠导向轮辅助导向。（　　）

2．城市轨道交通车辆之间需通过连接装置相互连接，从而实现相邻车辆之间的横向力传递与通道的连接。（　　）

3．按照牵引连挂装置的连接方法不同，车钩可分为全自动车钩与半永久车钩。（　　）

4．由于城市轨道交通列车制动、减速、停车频繁，再生制动是一种较为理想的制动方式。（　　）

5．车间电源是城市轨道交通列车辅助的受流设备，可与列车主受流设备同时向列车供电。（　　）

6．主控制器手柄上安装有警惕装置，司机按下后才能发出牵引指令，若不能及时再次按下，将导致列车采取紧急制动。（　　）

7．乘客信息系统向乘客播报与显示的各类信息应简洁、明了、正确、同步，以免对乘客产生误导。（　　）

8．一般情况下，一条线路设置一个车辆段，当线路长度超过 25 km 时，可以考虑设置一个车辆段与一个停车场。（　　）

四、名词解释

1．动车与拖车

2．密接式车钩

3．盘形制动

4．车辆段

五、简答题

1．简述城市轨道交通车辆转向架的作用。

2．简述城市轨道交通车辆闸瓦制动的工作原理。

3．城市轨道交通车辆受流设备有哪些类型？

4．简述城市轨道交通列车控制与故障诊断系统的基本功能。

六、综合分析题

1．阅读材料并回答问题。

绕地球赤道跑了13圈！地铁3号线首列电客车进厂架修

2020年6月10日，青岛地铁在3号线安顺车辆段检修主厂房举行首列电客车架修启动仪式，标志着青岛地铁电客车架修工作正式开始。

据了解，就像私家车需要定期保养一样，地铁列车也需要经常维保。青岛地铁3号线电客车自2015年年底正式载客运行至今，运营总里程已超过1 170万千米，随着运行时间与里程的累积，列车的部分零部件会存在磨损、老化现象，除对其进行系统修、专项修等修程外，为保障列车安全、平稳运营，需在车辆运行5年或60万千米左右进行一次全面的架修。顾名思义，架修就是将列车在库房内用专业设备"架"起来，对列车各系统部件进行全面检查、维修。

"这批列车单车运行里程最高超过53万千米，相当于绕地球赤道跑了13圈！"技术人员介绍。不同于日常检修或保养，电客车架修所需的工装设备多，工序复杂，对人员的设备操作能力、车辆及设备的检修能力要求极高，架修将对电客车进行全身上下"360°无死角"的深入维修，包括对转向架、车钩、牵引、制动、辅助、车门、空调等系统的重要部件进行拆解、保养、检修、更换等作业，并结合架修对列车部分部件进行技术改造，以达到降低故障率、增加乘客舒适度的目的。一次架修从修前预检到最终交付涉及上千道工序，是一项名副其实的大工程。

此次车辆架修是山东省城市轨道交通行业实施的首次架修，这项工作的顺利启动标志着青岛地铁3号线电客车逐步进入架修期。相关部门将严格加强现场监督和质量作业，在不影响3号线正常运营的前提下分批次、按计划进行，预计至2021年底将完成青岛地铁首批电客车的架修作业。

（1）实施架修的主要目标是什么？

（2）架修库及附属车间的平面布置主要取决于哪些因素？

（3）除架修之外，城市轨道交通车辆检修还有哪些修程？请按照修程级别由高至低进行排序。

2. 阅读材料并回答问题。

“中国创新”集体亮相全球最大轨道交通展

为德国铁路公司量身定制的混合动力交流传动调车机车、综合节能15%以上的新一代碳纤维地铁车辆……正在举行的2018柏林国际轨道交通技术展（InnoTrans 2018）上，中国企业携一批轨道交通领域最新技术和产品集体亮相。

据中国中车有关负责人介绍，其为德国铁路公司量身定做的全新混合动力交流传动调车机车，采用“内燃+蓄电池”混合动力技术，符合TSI标准及EBA要求，最高速度80 km/h，可在德国干线铁路网、TEN路段及汉堡轻轨线路上运行，主要用于铁路施工现场的物流供应、轻轨车辆救援。

中车四方车辆有限公司还在本届InnoTrans期间正式发布新一代碳纤维地铁车辆“CETROVO”。中国中车科学家、中车四方车辆有限公司副总工程师向记者介绍，该车型大量采用碳纤维技术，相较于传统地铁整车减重13%；“CETROVO”还是“可变身”的地铁，能够根据运营需求实现“2+N”节灵活编组；其还具备高度智能化特性，车窗可变身为计算机显示器，乘客只需用手指触摸车窗，就能在车窗上看新闻、浏览网页、购票、刷视频、观看电视直播等。

中国驻德国大使馆工作人员表示，中国轨道交通企业技术水平和竞争力不断提高，与发达国家相比，中国很多轨道交通产品在技术和成本等方面已具有独特的优势和特点，有着很强的竞争力。

中国城市轨道交通协会相关人员指出，中国城市轨道交通不仅在规模上实现了快速发展，也同步实现了高质量发展，规划设计理念、施工技术和工程建设管理、装备制造与技术创新、运营技术和管理创新等方面都稳步向世界水平迈进。

（1）城市轨道交通车辆是城市轨道交通工程中最重要的设备，也是技术含量较高的机电设备，应该具备哪些特点？

（2）根据材料分析城市轨道交通车辆未来的发展方向。

第四章　城市轨道交通车站

一、填空题（将正确答案填在横线空白处）

1．城市轨道交通车站建筑结构主要包含＿＿＿＿＿＿、＿＿＿＿＿＿＿＿、其他附属设施。

2．城市轨道交通车站中的设备用房直接或间接为列车运行和乘客服务，可分为＿＿＿＿＿＿和＿＿＿＿＿＿。

3．城市轨道交通车站其他附属设施建于车站主体之外，主要有＿＿＿＿＿、＿＿＿＿＿、冷却塔、紧急疏散口等。

4．按照与地面的相对关系不同，城市轨道交通车站可分为＿＿＿＿＿＿、地面车站和地下车站。

二、选择题（将正确答案的字母填在括号内）

1．（　　）是城市轨道交通车站的重要组成部分及核心。

A．车站主体　　B．出入口　　C．通道　　D．附属设施

2．下列选项中，关于城市轨道交通车站附属设施的说法不正确的是（　　）。

A．通风道是为了满足地下车站通风要求而设置的

B．风亭能够将地面的新鲜空气送入地铁车站内

C．冷却塔可将携带废热的冷却水在塔内与空气进行热交换，使废热传输给空气并散入大气

D．紧急疏散口是供乘客正常出入车站以及紧急情况下疏散时使用

3．下列城市轨道交通车站中，（　　）设在两种不同行车密度交界处，且设有折返线和相应设备。

A．中间站　　B．区域站　　C．换乘站　　D．联运站

4．下列城市轨道交通车站中，（　　）在车站内设有两种不同性质的列车线路进行联运及客流换乘。

A．中间站　　B．区域站　　C．换乘站　　D．联运站

5．城市轨道交通车站按照（　　）不同，可分为岛式站台、侧式站台及岛侧混合式站台。

A．建筑位置　　B．运营功能　　C．站台形式　　D．规模等级

6．城市轨道交通车站内的自动售票机位于车站的（　　）。

A．设备用房　　B．非付费区　　C．付费区　　D．票务室

三、判断题（正确的在题后括号内打“√”，错误的打“×”）

1．在城市轨道交通车站中，乘客使用区可分为付费区和非付费区。（ ）

2．在城市轨道交通车站的弱电设备房中，主要设有牵引降压混合变电所、降压变电所以及 33 kV 高压开关柜室等用房。（ ）

3．城市轨道交通地面车站一般修建在人口密度大、用地紧张、经济发达的区域。（ ）

4．侧式站台具有面积利用率高、能调剂客流、乘客中途改变乘车方向方便等优点，一般常用于客流量较大的城市轨道交通车站。（ ）

四、名词解释

1．乘客使用区

2．换乘站

3．侧式站台

4．设备用房

五、简答题

1．请在你熟悉的城市中选取一座具有特色的城市轨道交通车站进行简要介绍。

2．按照车站建筑位置进行分类，各类型的城市轨道交通车站有何优点？

3．地铁车站规模等级是如何确定的？

4．简述城市轨道交通车站设计的基本原则。

六、综合分析题

1．图 4–1 为某城市轨道交通车站立体示意图，阅读材料并回答问题。

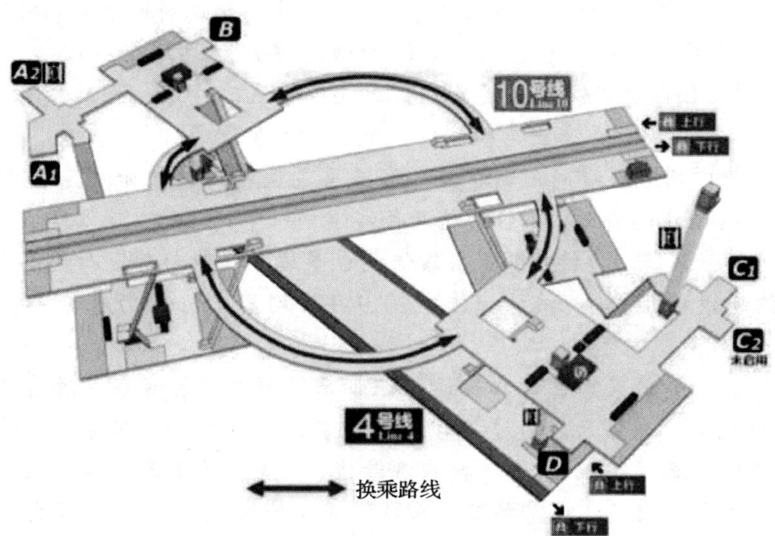

图 4–1　某城市轨道交通车站立体示意图

（1）该车站具有哪几种站台形式？分别具有什么特点？

（2）按照车站运营性质不同，该车站属于哪一类型的城市轨道交通车站？请具体说明。

（3）城市轨道交通车站换乘方式分为站台换乘、站厅换乘、通道换乘和站外换乘等，该站换乘方式属于哪一种？有何特点？

2. 阅读材料并回答问题。

珠江新城地铁站开启升级改造

途经广州 CBD 的市民注意了，连接 3 号线、5 号线的珠江新城地铁站将有“大动作”！记者从广州地铁了解到，4 月 10 日起，珠江新城站将启动站厅升级改造，工程预计为期 5 个月，分区域进行围蔽施工。届时，车站将通过控制施工时间、增加人员引导、增设边门验票机等方式，尽量减少对乘客出行的影响，确保站厅客流通行。

近年来，随着广州地铁线网不断扩大，客流总量也在持续增加，其中，3 号线、5 号线的客流稳居目前 14 条线的前三位。作为这两条线唯一一个换乘站，珠江新城站位于广州中央商务区的核心地带，客流潮汐特征明显，客流量也呈逐年增长趋势，而两条线的最大断面客流均出现在珠江新城站附近。据统计，该站 2019 年日均客流达 60 万人，换乘客流超过 30 万人。

日益增长的客流量给乘客出行和客运组织带来了不便。记者在现场看到，车站站厅分了四个独立的付费区，乘客只能通过站台进行换乘，这影响了乘客进出闸的通行效率，也难以满足大客流时的客运组织需求。“搭乘 3 号线、5 号线的乘客只能从相应的线路付费区进出，如果进错了或出错了，就需要工作人员带回正确的线路。”车站负责人介绍说。为了打破这一困局，在多次调整方案的基础上，广州地铁下定决心要给珠江新城站来个“大变身”。

据了解，本次改造将于 4 月 10 日启动，对站厅布局进行全面调整，即将现有四个独立的付费区改造成“十”字形连通，实现 3 号线、5 号线之间的站厅无障碍换乘，从而解决乘客进错付费区、换乘乘客错上站厅无法换乘的问题。站厅付费区连通后，乘客可以便捷地从付费区到达各个出入口，换乘的乘客可选择就近的上行扶梯通过站厅换乘或通过站台进行换乘。

此外，最大幅度地扩大付费区面积，也为车站提供了更充足的客运组织空间。“改造后的站厅付费区面积将比现在增加约三分之一。”车站负责人说道，“以往像国庆这样的节假日，车站进站和换乘客流会很大，需要采取措施缓解客流压力，改造后，这样的状况会大大改善，我们可以直接在连通的付费区进行客流疏导。”

（1）根据材料说明该车站改造升级的原因。

（2）根据材料说明该车站改造升级的方式。

（3）根据材料说明城市轨道交通车站设计时应遵循的原则，这些原则对你有何启发？

第五章　城市轨道交通供配电系统

一、填空题（将正确答案填在横线空白处）

1. 城市轨道交通供配电系统可分为外部电源系统与内部电源系统。其中，内部电源系统为城市轨道交通供配电系统的主体，主要由________________、________________、动力照明供电系统和电力监控系统构成。

2. 城市轨道交通电力牵引制式按电流不同，可分为________________________与________________。

3. 变电所（室）通常设置在城市轨道交通线路沿线，一般可分为主变电所、牵引变电所与______________三种基本类型。

4. 根据城市轨道交通制式不同，接触网分类方式也有所不同。接触网按其结构不同，可分为_______________与________________两类。

5. 动力照明供电系统由______________、______________等组成。

6. 城市轨道交通照明供电系统可分为工作照明、节电照明、___________、标示照明、广告照明等。

7. 城市轨道交通电力监控系统由________________、______________、被控站系统组成。

8. 城市轨道交通中杂散电流的腐蚀防护应遵循“___________，___________，放排结合，加强监测”的基本原则。

二、选择题（将正确答案的字母填在括号内）

1. 城市轨道交通供电负荷分为牵引负荷及动力照明负荷，负荷等级分为一级负荷、二级负荷和三级负荷。下列选项中，不属于一级负荷的是（　　）。

A. 火灾自动报警系统　　B. 自动售检票系统

C. 广告照明　　D. 信号系统

2. 断路器是城市轨道交通变电所的主要电气设备之一。下列关于断路器的说法正确的是（　　）。

A. 断路器是一种传送和交换交流电能的静止装置

B. 断路器是一种对电路进行控制和保护的高压电气开关，用于自动切断负载电流和短路电流

C. 断路器是一种没有熄弧装置的高压电器，可在无负荷电流时接通和断开电路，断开时能够起到隔离电压的作用

D．断路器是一种过负荷和短路电流导致熔体发热熔断的保护电器

3．牵引供电系统是城市轨道交通供配电系统的核心，负责向电动列车提供电能。下列选项中，（　　）不是牵引供电系统的组成部分。

A．牵引变电所　　　　　　　　B．动力照明变电所

C．馈电线　　　　　　　　　　D．接触网（轨）

4．要获得较大的牵引变电所间距，减少牵引变电所数量，节省城市轨道交通工程投资，则应采用（　　）的电压等级。

A．较高　　　　　　　　　　　B．较低

C．与电压无关　　　　　　　　D．以上选项都不正确

5．下列关于接触网电分段的说法错误的是（　　）。

A．接触网有明显的机械分段且在电气方面直接接通

B．接触网在电气方面隔离

C．设置电分段能够缩小故障范围

D．设置电分段有利于设备维护检修

6．下列关于降压变电所设置原则的说法正确的是（　　）。

A．地下车站一般设置一座降压变电所，位于车站轻负荷端

B．在设有牵引变电所的车站，不可将降压变电所与牵引变电所合建

C．设置一座降压变电所的车站，该变电所负责整个车站及车站两端各半个区间的动力照明负荷

D．设置一座降压变电所和一座跟随式降压变电所的车站，两座变电所分别负责车站和区间的动力照明负荷

7．城市轨道交通电力监控系统的监控对象一般分为遥控对象、遥信对象和遥测对象，下列选项中，监控对象对应正确的是（　　）。

A．遥控——主变电所进线功率，遥信——变压器故障信号，遥测——降压变电所低压进线断路器

B．遥控——整流器故障信号，遥信——降压变电所低压母联断路器，遥测——牵引变电所直流母线电压

C．遥控——降压变电所低压进线断路器，遥信——变电所中压母线电流，遥测——交直流电源系统故障信号

D．遥控——接触网电源隔离开关，遥信——直流快速断路器的各种故障跳闸信号，遥测——变电所中压母线电压

8．城市轨道交通系统中的杂散电流是一种有害的电流。下列关于杂散电流危害的描述错误的是（　　）。

A．引起电气接地装置接地电势过高，使某些设备无法正常工作

B．引起牵引变电所框架保护动作，导致整个牵引变电所的断路器跳闸

C．对轨道交通建筑物结构钢筋以及附近金属管线造成电腐蚀

D．杂散电流长期存在，将会引起乘客身体不适

三、判断题（正确的在题后括号内打“√”，错误的打“×”）

1．变电所电气主接线是指由变压器、断路器、隔离开关、母线等及其连接导线所组成的接受和分配电能的电路，主要分为单母线型主接线、双母线型主接线和桥型主接线三种形式。 （　）

2．杂散电流防护设计与安全接地发生矛盾时，优先考虑杂散电流防护。 （　）

3．任何相邻的三座牵引变电所中，允许其中一座牵引变电所事故解列时，由相邻正常工作的牵引变电所采用越区供电方式，担负起该段运行列车的牵引供电负荷，形成双边供电。 （　）

4．城市轨道交通地面、高架区段及车辆段 / 停车场内通常采用架空式刚性接触网，地下区段一般采用架空式柔性接触网，而在地上线或车辆段 / 停车场与地下隧道入口处则采用刚柔过渡接触网。 （　）

5．在设有牵引变电所的城市轨道交通车站，电分段一般设置在出站端。 （　）

6．动力供电系统主要采用放射式的供电方式。 （　）

7．动力设备控制分控制中心远程控制和车站综合控制室控制两种方式。 （　）

8．应急照明以 EPS 作为备用电源，容量满足事故状态下车站、区间 0.5 h 供电的需求。 （　）

四、名词解释

1．集中供电方式

2．主变电所

3．单边供电

4．电力监控系统

五、简答题

1．什么是城市轨道交通中压环网供电系统？

2．简述城市轨道交通供电制式的选择原则。

3．简述城市轨道交通牵引供电系统组成及牵引供电回路的概念。

4．城市轨道交通供电系统中的杂散电流是如何形成的？

六、综合分析题

城市轨道交通接触网（轨）在每个牵引变电所附近由电分段进行电气隔离，分成两个供电分区，每个供电分区又称为一个供电臂。正常情况下，两相邻供电臂之间的接触网在电气上为绝缘的。城市轨道交通牵引供电系统如图 5–1 所示，阅读材料并回答问题。

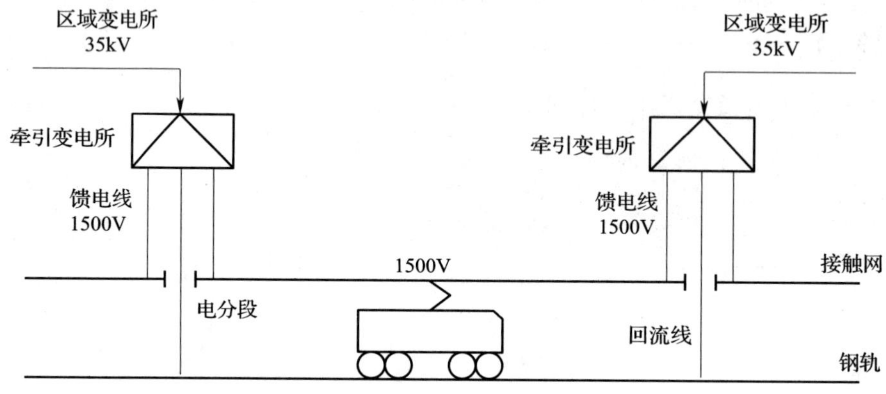

图 5–1　城市轨道交通牵引供电系统

（1）画出双边供电、单边供电示意图。

（2）双边供电、单边供电分别具有哪些特点？

（3）设置城市轨道交通牵引变电所时应考虑哪些因素？

第六章　城市轨道交通信号与通信系统

一、填空题（将正确答案填在横线空白处）

1．城市轨道交通正线常用的信号机包括______________、______________、通过信号机和进、出站信号机。

2．道岔的转换和锁闭直接关系到行车安全，____________就是转换和锁闭道岔的重要信号基础设备。

3．ZD6 系列电动转辙机主要由____________、____________、摩擦连接器、主轴、动作杆、表示杆、移位接触器、外壳等组成。

4．联锁设备分为________________、机电联锁设备和电气联锁设备。

5．计算机联锁系统的主要设备包括__________________、________、联锁机、执行表示机和输入输出接口、现场设备及其他设备。

6．列车自动控制系统包括三个子系统，即______________、______________和列车自动驾驶系统。

7．按功能分类，城市轨道交通通信系统可分为____________、____________、有线广播通信系统、闭路电视系统和无线通信系统。

8．无线通信主要分为两大类：一类是固定点与固定点之间的通信，称为__________；另一类是固定点与移动点或移动点之间的通信，称为__________。

二、选择题（将正确答案的字母填在括号内）

1．城市轨道交通地面信号机属于（　　）。

A．听觉信号　　B．固定信号

C．车载信号　　D．移动信号

2．防护信号机采用三显示机构。下列选项中，具体显示意义正确的是（　　）。

A．黄色表示禁止越过该信号机

B．黄色表示道岔开通直向位置，允许列车按照规定速度越过该信号机

C．黄色表示道岔开通侧向位置，允许列车按照规定速度越过该信号机

D．黄色表示引导信号，允许列车以不超过 25 km/h 的速度越过该信号机

3．下列关于转辙机作用的说法错误的是（　　）。

A．转换道岔位置，根据需要转换至定位或反位

B．道岔转至所需位置后，实现锁闭

C．正确反映道岔的实际位置，给出相应的表示

D．挤岔或因故处于“四开”位置能及时报警及表示

4．下列关于联锁内容的说法正确的是（　　）。

A．防止建立会导致列车相冲突的进路

B．必须使列车经过的所有道岔均锁闭在与进路开通方向符合的位置

C．必须使信号机的显示与所建立的进路相符

D．以上答案都正确

5．下列关于联锁条件的说法错误的是（　　）。

A．进路上各区段空闲时才能开放信号

B．敌对信号未关闭且被锁闭在未建立状态时，防护该进路的信号机不能开放

C．信号机开放后，其防护进路上的各道岔必须被锁闭在规定位置不能转换

D．进路上有关道岔在规定位置才能开放信号

6．下列选项中，中文名称与英文缩写对应内容正确的是（　　）。

A．列车自动控制（ATO）　　B．列车自动监控（ATS）

C．列车自动防护（ATC）　　D．列车自动驾驶（ATP）

7．ATO 系统的功能分为基本控制功能和服务功能。下列选项中，（　　）不属于基本控制功能。

A．自动驾驶　　B．自动折返

C．自动开车门　　D．确定列车位置

8．下列选项中，（　　）不属于 ATS 系统的基本功能。

A．列车监视和追踪　　B．时刻表编制及管理

C．列车自动驾驶　　D．自动排列进路

三、判断题（正确的在题后括号内打“√”，错误的打“×”）

1．月白色为信号机辅助颜色，用于指示调车作业，表示禁止越过该信号机调车。（　　）

2．信号机设置于列车运行方向右侧。特殊情况下，可以设置在列车运行方向左侧或其他位置。（　　）

3．联锁就是指车站范围内的进路与道岔之间互相制约的关系。（　　）

4．在列车自动控制系统控制等级中，控制中心人工控制优先于车站人工控制。（　　）

5．列车自动控制系统在控制中心自动控制模式下，控制中心调度员仍可对列车运行自动调整系统进行人工干预。（　　）

6．ATP 车载设备将列车实际速度与列车允许速度进行比较。当列车超速运行时，车载设备就发出报警，提醒列车司机对列车实施制动。（　　）

7．列车处于司机手动驾驶模式时，不支持 ATP 系统执行速度监督和超速防护功能。（　　）

8．城市轨道交通闭路电视监控系统仅可由控制中心调度员进行控制。（　　）

四、名词解释

1．固定信号

2．轨道电路

3．集中控制站

4．闭塞

五、简答题

1．简述继电器的基本工作原理。

2. 简述轨道电路的作用。

3. 简述列车自动防护系统的基本功能。

4. 简述城市轨道交通通信系统的基本要求。

六、综合分析题

1. 图 6–1 是某城市轨道交通线路示意图，观察图片并回答问题。

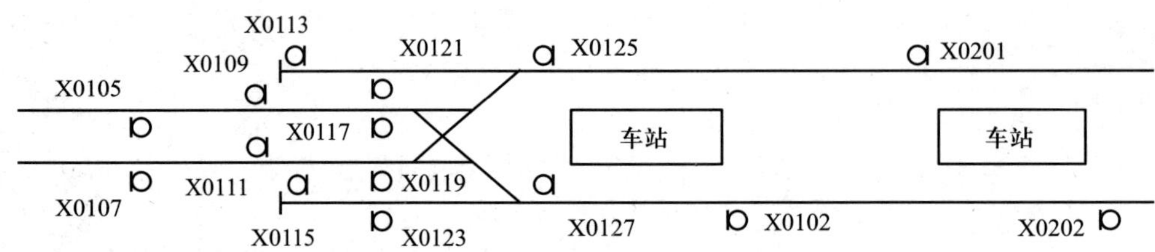

图 6–1　某城市轨道交通线路示意图

（1）图中所画的信号机分别属于哪种类型？有何作用？

（2）联锁是为了防止建立列车运行的敌对进路，简述敌对进路的概念。

（3）根据图片进行分析，进路 X0119–X0102 建立时，其敌对进路有哪几条？

2. 阅读材料并回答问题。

新加坡地铁发生追尾事故

当地时间 15 日早上 8 点多，新加坡发生两辆地铁相撞事故，造成 20 多人受伤。事故发生时，一列开往大士连路站的列车在裕群站停滞。1 min 后，另一列车在故障列车后方停下，随后突然向前行驶，并与前方的列车碰撞。

陆路交通管理局、SMRT，以及信号系统供应商泰雷兹今天傍晚召开新闻发布会，汇报事故初步调查的发现。

初步调查显示，此次事故与新信号系统有关。因其中一列列车上的防护软件功能不知何故被新信号系统的故障电路移除，无法正确探测前方列车的距离，导致两列列车最终相撞。

今早 8 时 18 分，一列列车出现信号故障，在裕群站停下让乘客下车，准备回车辆段。后面另一列列车经过一个出现故障的信号电路时，列车系统上的防护软件不知何故被移除，导致来到裕群站时误测前方停顿的列车只是三车厢列车，而非六车厢的列车，因此会撞上。

调查也显示，后面列车上午 8 时 19 分来到裕群站时，离前方列车约 10.7 m 时先停了下来，但在 8 时 20 分又突然启动碰撞前方列车，造成 20 多人受伤。当时，后方列车的行驶速度是 16 km/h。

陆路交通管理局指出，由于当时前方列车打开月台闸门让乘客下车时启动了后备防护系统，所以后方列车先停了下来，但当闸门关上而列车准备离开时，后方列车因缺乏防护软件而误认前方列车为三车厢列车，于是向前行驶导致相撞。

泰雷兹代表在新闻发布会上指出，这是公司在全球范围内首次遇到这样的问题，目前还在调查原因，但却强调南北线的新信号系统没有问题，能安全操作。他回答记者提问时说，由于事故还在调查中，所以暂时不能透露故障信号电路是在地铁线的哪个位置。

大士西延长线采用的是新信号系统，列车到了裕群站会停靠几分钟，转到新信号系统后才开往大士连路站方向。

陆路交通管理局从 2012 年开始提升南北与东西线的信号系统，从现有的固定区块信号系统改为使用更先进的无线电通信技术的移动区块系统。

（1）根据材料分析引发该次事故的主要原因。

（2）简述列车自动防护系统的功能。

（3）列车自动防护系统如何确定目标速度和目标距离？

第七章 城市轨道交通环境控制系统

一、填空题（将正确答案填在横线空白处）

1．根据隧道通风换气的形式及隧道与站台层的分隔关系，城市轨道交通通风空调系统一般可分为________、________与屏蔽门系统三种制式。

2．城市轨道交通通风空调系统可分为________、________、隧道通风兼排烟系统和空调制冷循环水系统四个子系统。

3．从安全性考虑，通风空调系统运行模式必须事先对各种可预见的灾害形式定义出各种模式状况，做到预防为主。城市轨道交通通风空调系统可分为正常运行模式、阻塞运行模式和________。

4．城市轨道交通排水系统采用分流制，分为污水系统、________和________。

5．城市轨道交通区间排水系统一般可分为________与________。

6．城市轨道交通消防系统包括消防水源、消火栓系统、________、________和灭火设施。

7．严格遵循“________，________”方针，应在城市轨道交通系统内部设置火灾自动报警系统。

8．城市轨道交通火灾自动报警系统一般由________、火灾探测器和手动报警按钮等基本元件构成。

二、选择题（将正确答案的字母填在括号内）

1．在城市轨道交通工程中，通风空调系统的控制功能主要由（　　）系统完成。

A．AFC　　B．ATC　　C．BAS　　D．FAS

2．下列关于城市轨道交通给排水系统作用的说法错误的是（　　）。

A．满足城市轨道交通系统工程生产用水需求

B．满足城市轨道交通系统工程生活用水需求

C．满足城市轨道交通系统工程消防用水需求

D．排出城市轨道交通系统事故消防废水

3．城市轨道交通车站敞开式出入口的设计雨水量按照（　　）年一遇的暴雨重现期计算，高架区间雨水设计重现期采用（　　）年。

A．30　4　　B．30　5　　C．20　4　　D．20　5

4．城市轨道交通区间主排水泵房所负担的区间长度，单线不宜大于（　　）km，双线不宜大于（　　）km。

A．2　1　　B．3　1.5　　C．4　2　　D．5　2.5

5．城市轨道交通消防泵的服务范围为（　　）。

A．本站　　B．本站及其两端 1/2 的区间

C．本站及其两相邻区间　　D．以上选项都不正确

6．（　　）布置在城市轨道交通重要的设备用房，如高低压室、通信设备室、环控电控室、信号设备室等，能够实现火灾信号采集、系统信息处理、声光报警控制、信息报告、相关环控设备联动控制和气体释放全过程自动控制。

A．消火栓系统　　B．自动喷水灭火系统

C．自动气体灭火系统　　D．灭火器设施

7．（　　）是火灾自动报警系统的重要组成部分，是系统运行的指挥中心，主要担负着整个系统的监控、报警、控制、显示、信息记录与档案存储等功能。

A．火灾报警控制器　　B．火灾探测器

C．手动报警按钮　　D．以上选项都不正确

8．下列选项中，（　　）不能触发城市轨道交通火灾自动报警系统自动确认报警。

A．任何一个报警区域，有一个智能火灾探测器报警

B．任何一个报警区域，有一个智能火灾探测器报警，同时又有一个手动火灾探测器报警

C．任何一个报警区域，有两个智能火灾探测器报警

D．任何一个报警区域，有两个以上的智能火灾探测器报警

三、判断题（正确的在题后括号内打“√”，错误的打“×”）

1．城市轨道交通正常运行条件下，当外界大气焓值大于或等于车站空气焓值时，车站启动制冷空调系统，运行全新风机，外界空气经由空调机冷却处理后送至车站公共区，排风则全部排出地面。（　　）

2．站台发生火灾时，车站大系统设备均全面运行，使站台到站厅的上、下通道间形成不低于 1.5 m/s 的向下气流，使乘客从站台迎着气流撤向站厅和地面。（　　）

3．与集中供冷系统相比，独立供冷系统具有能效高、自动化水平高、环境热污染小、节约地下空间、便于维护管理和对周围环境影响小等优点。（　　）

4．城市轨道交通通风空调系统的控制一般由中央控制系统、车站控制系统和就地控制系统三级构成。（　　）

5．城市轨道交通给水源应优先选择城市自来水或地下水，除消防要求及特殊情况外，不宜选择地表水。（　　）

6．城市轨道交通火灾自动报警系统保护对象为车站和区间隧道，控制中心、车辆段、停车场和主变电所等其他建筑物与设施不在保护范围内。（　　）

7．城市轨道交通火灾自动报警系统一般由中央级、车站级和就地级三级系统构成，并采用中央级、车站级和就地级的三级监控管理方式。（　　）

8．城市轨道交通火灾自动报警系统指令具有最高优先权。 （ ）

四、名词解释

1．阻塞运行模式

2．开式系统

3．城市轨道交通工程生产与生活用水

4．消防联动模式

五、简答题

1．活塞通风是如何形成的？

2. 简述城市轨道交通给排水系统的设计原则。

3. 城市轨道交通消防系统设计主要遵循哪些基本原则？

4. 在城市轨道交通火灾自动报警系统中，中央级系统与车站级系统相比较有何不同？

六、综合分析题

1. 阅读材料并回答问题。

伦敦地铁空调列车还要等 12 年

英国很多地方已经接近 2 个月没有下雨，多地频现 30 ℃以上的高温，伦敦一地最高温度逼近 38 ℃，这是英国自 1976 年以来，持续时间最长的一次高温和干旱天气。英国《每日电讯报》日前报道，伦敦部分地铁因没有装空调，列车内温度达到 40 ℃，车厢内闷热难耐，乘客们坐在列车上感到窒息。面对民众不满，伦敦交通局回应称，空调列车还要再等 12 年才能上路。

据报道，伦敦地铁中央线是英国最繁忙、历史最悠久、夏季温度最高的线路之一。它修建的时间比较早，1900 年启用。该地铁线路修建的位置深入地下，平均深度超过 20 m。由于空间封闭，且缺乏通风系统，地铁内部产生的热量不能排放出去，导致热空气聚集在地铁隧道内并持续升温。同时，由于车厢拥挤和窗户狭小，再加上一趟地铁 74 km 要停靠 49 个车站，频繁刹车也导致车内温度上升。很多乘客抱怨车内高温对老人、孩子、身体不适者和孕妇造成很大危险。为此，伦敦地铁曾在 2016 年向乘客发放免费水，并禁止乘客车厢内随意通行，以缓解车厢内的高温，但收效甚微。

（1）从上述材料分析，造成伦敦地铁系统内部温度过高的原因有哪些？

（2）如果你是城市轨道交通系统的设计者，从上述材料中能够得到什么启发？

（3）根据所学知识，简述城市轨道交通环境控制系统的基本要求。

2. 阅读材料并回答问题。

英国伦敦最大地铁车站发生火灾

1987 年 11 月 18 日晚，英国伦敦最大的地铁站之一——国王十字车站发生了一场灾难性的火灾。

有人在乘坐地铁出站的自动扶梯上点着香烟后，随手将火柴梗扔进了扶梯缝隙内，而扶梯下面有沉积的润滑油脂、纤维和碎屑等可燃物质。

19 时 25 分，一名乘客发现扶梯下面着火，启动了火灾报警器。

19时34分，执勤警察发现着火，从地铁站内上到地面向消防总队报警，因为他们的无线通信设备在地下受到屏蔽而不起作用。

19时38分，地铁站的检查员使用二氧化碳灭火器灭火没能奏效。地铁公司在扶梯下安装了自动喷水设备，但检查员嫌灭火后清除积水太麻烦，擅自关闭了进水阀，使自动喷水设备没有发挥应有的作用。

19时42分，消防车到场，这时火焰产生的热气流已烧着了扶梯上部天花板和墙壁广告板表面的油漆，冒出了浓浓的黑烟，消防员还没来得灭火，火焰就蹿入了售票厅，由于得到新鲜空气的补充，突然引发爆燃。

（1）上述材料中出现了哪些城市轨道交通消防系统的设施设备？有何用途？

（2）城市轨道交通火灾自动报警系统应遵循哪些基本要求？

（3）在地铁系统发生火灾时，通风空调系统应如何运作？

第八章　城市轨道交通运营管理

一、填空题（将正确答案填在横线空白处）

1. 城市轨道交通列车运输计划一般包括______________、_______________、列车交路计划、车辆配备计划与列车运行图等相关内容。

2. 列车交路计划可以分为____________、____________与混合交路等。

3. 根据运用目的不同，城市轨道交通车辆可分为__________、__________与备用车三类。

4. 按照闭塞实现的方式，城市轨道交通的闭塞可分为固定闭塞、移动闭塞和介于两者之间的__________。

5. 书面命令由__________、受令处所、命令内容、命令时间、受令人姓名、复诵人姓名及发令人姓名（代号）等部分组成。

6. 根据不同类型城市轨道交通线路运营情况，可将客流空间分布特征分为______________、______________、中间突增型与逐渐缩小型四类。

7. 城市轨道交通车站进站乘客的基本流线为出入口 → ________ → __________ → 通过楼梯 / 扶梯进入站台 → 乘车。

8. 根据发售形式与使用特点不同，车票通常可分为________________、储值票、________________、应急票、多程票、员工票等几类。

二、选择题（将正确答案的字母填在括号内）

1. 下列选项中，（　　）不是城市轨道交通车站运营管理人员。

A. 值班站长　　B. 调度员　　C. 值班员　　D. 站务员

2. 下列选项中，中文与英文缩写对应内容不正确的是（　　）。

A. 列车全自动驾驶模式（AM）

B. 有 ATP 防护的人工驾驶模式（IATPM）

C. 受限的人工驾驶模式（RM）

D. 自动折返模式（ATB）

3.（　　）时，行车调度员必须发布书面命令。

A. 封锁 / 开通区间　　B. 封站 / 解除封站

C. 控制权转换　　D. 以上选项都正确

4. 城市轨道交通车站客流在不同时间区段的分布是有所差异的。车站位于大型体育场、影剧院等大型公用设施附近时，最可能形成的客流时间分布是（　　）。

A. 单向峰型　　B. 双向峰型　　C. 全峰型　　D. 突峰型

5．根据城市轨道交通运营管理经验，车站发生突发性大客流时，一般采取三级客流控制措施。车站实施客流管控的目的是控制站台客流时，控制点应位于（　　）。

A．车站各出入口处　　B．进站检票闸机处

C．站厅与站台的楼梯或电动扶梯处　　D．站台屏蔽门处

6．（　　）是在城市轨道交通突发大客流时所使用的车票，类似于单程票，由车站人工发售，使用有效期与使用车站可设定。

A．多程票　　B．储值票　　C．纪念票　　D．应急票

7．下列选项中，不属于自动售检票系统的中央计算机系统基本功能的是（　　）。

A．设置收费标准

B．实时调整车站售检票设备

C．实时监视所有车站售检票设备的状态及维护信息

D．收集并保存乘客账户信息、售票信息、扣款信息等重要数据

8．车站售检票设备是设置于城市轨道交通车站内、直接面对乘客的票务设备。下列选项中，（　　）不属于车站售检票设备。

A．自动售票机　　B．自动验票机　　C．自动加值机　　D．编码分拣机

三、判断题（正确的在题后括号内打“√”，错误的打“×”）

1．全日行车计划是指城市轨道交通营业时间内各个小时开行的列车对数计划。（　　）

2．为了适应客流变化，确保完成临时紧急的运输任务，以及预防运用车发生故障，必须保有若干技术状态良好的备用车。备用车数量一般控制在运用车数量的20%左右。（　　）

3．列车运行图能够反映出在线列车数目，不能反映列车间运行的速度差异。（　　）

4．城市轨道交通行车组织实行“行车调度员—行车值班员—司机”三级管理模式。（　　）

5．除票务服务外，城市轨道交通乘客服务按内容不同，一般可分为导乘服务、问询服务、特殊服务与应急服务等。（　　）

6．计程票价制检票可实行单检制，即进站检票、出站不检票。（　　）

7．新车票在进入自动售检票系统使用前，必须经由编码分拣机进行初始编码。（　　）

8．出站检票机回收的单程票应送交制票中心重新编码后，方可配送至车站重新发售。（　　）

四、名词解释

1．控制中心

2．车辆配备计划

3．双向峰型

4．票款流程

五、简答题

1．城市轨道交通行车组织有哪些基本工作？

2．简述城市轨道交通车站客运组织的方法。

3．简述城市轨道交通自动售检票系统的基本功能。

4．简述城市轨道交通网络化运营在运营管理方面的要求。

六、综合分析题

1．图 8–1 为某城市轨道交通 × 号线工作日 10：00 至 12：00 段内的列车运行图。阅读材料并回答问题。

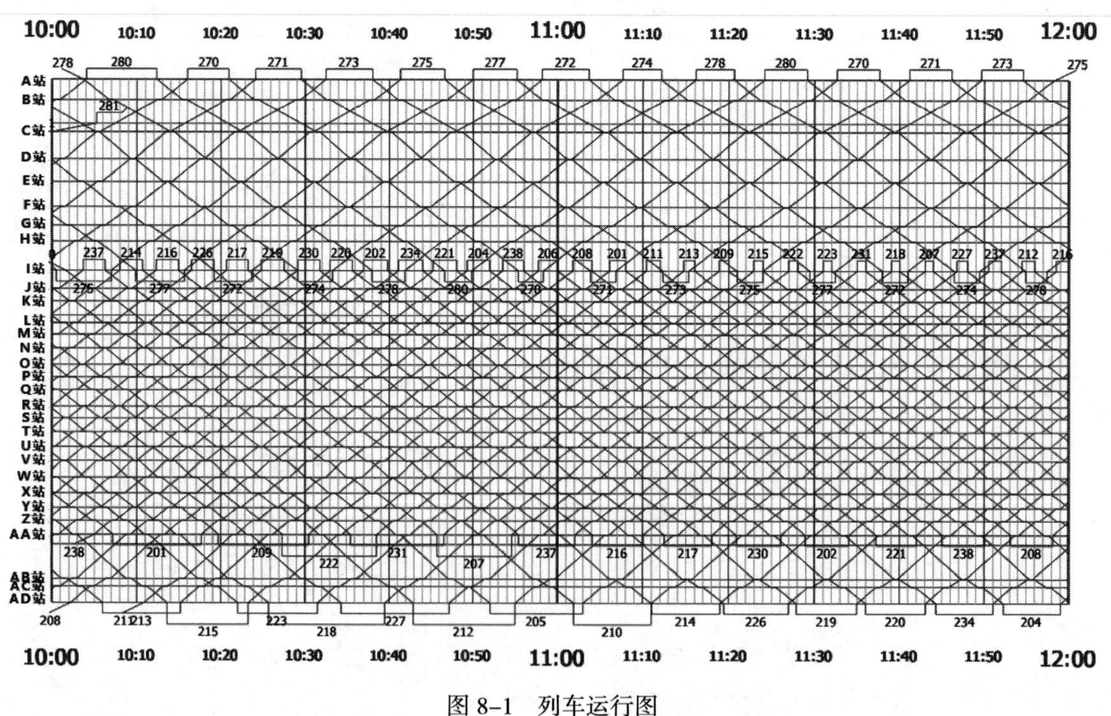

图 8–1 列车运行图

（1）该条城市轨道交通线路 10：00 至 12：00 段内最小行车间隔是几分钟？

（2）列出该条城市轨道交通线路 10：00 至 12：00 段内 215 次列车在首末车站的到发时间。

（3）该条线路共有几条交路？分别是哪些？画出列车交路示意图。

（4）简述列车运行图编制的基本原则。

2．阅读材料并回答问题。

莫斯科地铁突发火灾

俄罗斯首都莫斯科地铁隧道内发生供电电缆起火事故，约 4 500 名乘客被紧急疏散，另有 59 人受伤。

当地时间 9 时左右，莫斯科地铁“索科利尼基”线的“猎人商场”站与“列宁图书馆”站之间的供电电缆突然起火，导致部分地铁线路瘫痪。

事发时，记者正乘坐一列开往“列宁图书馆”站的列车。到站后，司机通过扬声器要求所有乘客离开车厢。记者注意到，地铁隧道中飘出白烟，空气中弥漫着烧焦的煳味。

当地铁站内的电源被切断后，消防队员进入隧道灭火。

当地执法机构工作人员称，起火点离克里姆林宫附近的地铁站最近，当地铁站内冒出浓烟时，警方将约 4 500 名乘客疏散。

相关人员表示，莫斯科地铁火灾已经造成 59 人受伤就医，其中 15 人住院治疗，还有 40 多人需要心理治疗。

当地一家医院的医生称，伤员中包括一名 6 岁的儿童与一名 63 岁的老人，但他们病情稳定，没有生命危险。

“列宁图书馆”站是 4 条地铁线交会的换乘车站。事发后，车站上聚集了大量人群，但未出现慌乱现象。稍后警察进入现场，引导乘客离开站台，并建议他们换乘其他线路或使用地面交通工具。

（1）如果你是一名行车调度人员，城市轨道交通区间发生火情时应遵循哪些基本原则？

（2）如果你是一名行车调度人员，应采取哪些手段对区间火情进行处置？

（3）写出封锁区间调度命令的内容。

第九章 城市轨道交通安全

一、填空题（将正确答案填在横线空白处）

1. 安全可分为两类，即______________和______________。

2. 城市轨道交通安全一般可分为两类，即____________与______________。

3. 风险管理流程一般包括________________、________________、风险控制和风险监控。

4. 城市轨道交通事故产生的基本原因可以归结为人员因素、设备因素、环境因素和________________等。

5. 影响城市轨道交通运营安全的管理因素主要从管理人员角度考虑，包括安全组织、______________、______________、安全教育、安全信息和安全资金等因素。

6. 一般情况下，城市轨道交通系统存在三种运营状态，即正常运营状态、非正常运营状态与______________。

7. 按责任承担方式不同，事故可分为______________与________________。

8. 按照事件前后时间节点不同，安全管理可分为________________、事中安全管理与事后安全管理三部分。

二、选择题（将正确答案的字母填在括号内）

1. 下列选项中，（　　）不属于城市轨道交通公共安全范围。

A．恐怖袭击　　B．火灾
C．突发性大客流　　D．从业人员行为不当

2. 影响城市轨道交通运营安全的人员因素主要是指人的安全素质。下列选项中，（　　）属于人的安全素质。

A．思想素质　　B．业务技术水平
C．生理与心理素质　　D．以上选项都正确

3. 在下列选项中，（　　）不属于城市轨道交通外部环境因素。

A．隧道散热不良　　B．地震　　C．暴雪　　D．经济环境

4. 下列选项中，（　　）不属于城市轨道交通安全管理“事后控制”。

A．不断完善应急处置机制与处置程序
B．增强抢险救援能力和突发事件处理水平
C．第一时间对事故做出应对处置
D．及时排查、整治事故中所暴露的安全隐患

5. 下列关于城市轨道交通事故的描述错误的是（　　）。

A．脱轨是指城市轨道交通电客车、轨道车、平板车的车轮落下钢轨轨面

B．除临时变更信号外，列车前端任何一部分越过固定信号显示位置均为冒进信号

C．冲突是指城市轨道交通列车、车辆、轨道车相互间或与设备及其他车辆间发生冲撞，造成车辆设备破损或破坏

D．单线中断行车是指城市轨道交通上、下行线路中任何一条线路上发生一站或一区间及以上中断行车

6．下列选项中，（　　）是城市轨道交通事故报告的内容。

A．事件发生的时间　　B．人员伤亡、设备损坏情况

C．请求救援的事项　　D．以上选项都正确

7．下列选项中，不属于城市轨道交通人员安全管理的是（　　）。

A．加强安全教育工作　　B．加强安全技能培训

C．改善内部管理环境　　D．构建生理与心理安全保障体系

8．下列选项中，不属于城市轨道交通作业安全管理的是（　　）。

A．健全安全法律法规　　B．建立安全管理制度

C．科学制定和完善作业标准　　D．改善内部作业环境

三、判断题（正确的在题后括号内打“√”，错误的打“×”）

1．城市轨道交通安全运营是以设备安全运行为基础，移动设备的不安全状态是导致发生事故的直接或间接原因。（　　）

2．城市轨道交通系统照明、温度、噪声、振动、湿度与通风等内部环境不会带来安全隐患。（　　）

3．城市轨道交通处于非正常运营状态时，可通过调度指挥在较短时间内恢复正常运营，不会对乘客人身安全造成影响。（　　）

4．车辆破损一般可划分为报废、大破、中破和小破。其中，报废指直接经济损失为现值的 85% 以上。（　　）

5．按照事件造成或可能造成的危害程度、人员伤亡、财产损失、影响范围与可控性等情况，城市轨道交通事故由高到低可分为特别重大、重大、较大与一般四级。（　　）

6．在处置突发事件的同时，为防止次生灾害的发生，可全面暂停运营服务，减少突发事件造成的影响。（　　）

7．城市轨道交通运营单位可将建设期形成的系统安全隐患在开通运营后一并排除。（　　）

8．由于部分作业标准无法得到实施，非正常情况下作业可不进行作业控制。（　　）

四、名词解释

1．风险

2．事故

3．安全生产

4．危险源

五、简答题

1．简述安全的基本特性。

2．城市轨道交通事故处置措施有哪些？

3. 举例说明城市轨道交通安全管理的内容。

4. 城市轨道交通非正常运营状态与紧急运营状态有何区别?

六、综合分析题

1. 阅读材料并回答问题。

×× 地铁列车连挂车钩发生碰撞

【事故时间】2005 年 × 月 × 日 × 时 × 分

【事故地点】CZ1–CZ2 上行区间，距 CZ2 站约 300 m 处。

【事故后果】

2526 车 A 端的防爬器轻微擦伤，2526 车 A 端车头右侧的导流罩损坏。

【事故经过】

××:××，行车调度员指令基地内 1314 车出库连挂故障车 2526 车。

××:××，1314 车出库，采用洗车模式与 2526 车连挂时，因列车处于小半径曲线位置，车钩对位不正，连挂失败，车钩发生碰撞。

【事故分析】

本事故的主要原因是编制技术文本时考虑得不够充分，没有对“小曲率半径连挂作业要求”进行明确。当时，车辆连挂线路半径为 150 m，根据“×× 地铁 × 号线一期工程车辆合同文件附件 1”中对车钩连挂的规定，是不允许进行自动连挂的，合同中明确要求列车自动连挂时最小半径不得小于 300 m。同时，该事故也反映出调度人员和作业人员安全意识不强，经验不足，缺乏处理特殊情况的应变能力。

经过此事故后，×× 地铁在 2007 版《×× 基地运作规则》中规定：×× 基地内道岔区段及其他 300 m 以下曲线半径线路原则上不得进行电客车连挂作业，特殊情况下进行连挂作业时，必须确认车钩位置。如果车钩自动对中不能达到对中范围的要求，必须进行手动调整。在 150 m 曲线半径的线路上进行连挂作业时，由车辆系统派专业人员进行现场技术指导。

（1）根据材料，请判断上述城市轨道交通安全事故的具体原因。

（2）从材料中分析，在安全管理方面有哪些措施可防止此类事故再度发生？

2. 阅读材料并回答问题。

交通运输部印发四项管理办法，更好保障城市轨道交通安全运行

近日，交通运输部印发《城市轨道交通运营安全风险分级管控和隐患排查治理管理办法》《城市轨道交通设施设备运行维护管理办法》《城市轨道交通运营突发事件应急演练管理办法》和《城市轨道交通运营险性事件信息报告与分析管理办法》。

《城市轨道交通运营安全风险分级管控和隐患排查治理管理办法》明确，根据城市轨道交通技术特点和相关行业经验，将运营安全风险分为设施监测养护、设备运行维修、行车组织、客运组织、运行环境五大类，安全风险等级从高到低划分为重大、较大、一般、较小四个等级。运营单位要结合实际对风险点及可能产生的风险作补充及细化，每年对所辖线路开展一次风险全面辨识，遇到运营环境发生较大变化、车辆和信号等关键系统更新等情形时，应开展专项辨识。

作为多专业复杂集成的联动系统，城市轨道交通设施设备的安全可靠是系统正常运行的基础，对于保障城市轨道交通运营安全至关重要。《城市轨道交通设施设备运行维护管理办法》明确了桥梁、隧道、轨道、路基、接触网等设施的巡查和监测频率，以及车辆、供电、通信、信号、机电等设备系统需要实时监控的关键部位，提出了设施设备维护规程的主要内容以及编制、发布、修订和废止等基本程序，对车辆、信号等关键设备的修程修制和使用寿命进行了规定。

《城市轨道交通运营突发事件应急演练管理办法》适用于运营过程中发生的因列车冲突、脱轨，设施设备故障、损毁，以及大客流等情况，造成人员伤亡、行车中断、财产损失的突发事件应急演练工作。地震等自然灾害和恐怖袭击等社会安全事件可能对运营安全产生较大影响的情况，参照该办法开展运营处置方面的应急演练工作。该办法规定，城市轨道交通运营主管部门应在城市政府领导下，会同公安、应急管理、卫生等部门每年至少组织一次实战演练。

《城市轨道交通运营险性事件信息报告与分析管理办法》明确了运营险性事件定义。根据该办法，发生运营险性事件，运营单位应在1 h内向城市轨道交通运营主管部门报告。城市轨道交通运营主管部门应将信息逐级上报至交通运输部，每级上报时限不超过2 h，重大情况可越级上报。另外，该办法还采用枚举的方式逐项列出列车脱轨、冲突、撞击、乘客踩踏、大面积停电、火灾等直接影响运营安全和服务的16类险性事件，明确了主要运营险性事件的判定标准。

（1）根据材料，说明城市轨道交通运营安全风险管理的方式和方法。

（2）根据材料，说明城市轨道交通运营设备安全管理的方式和方法。

（3）城市轨道交通突发事件应急处置是一项重要工作，结合材料简述进行城市轨道交通突发事件应急演练的方式和方法。